おとなに
人気の
ふれあい
あそび

Fureai asobi

保護者会・子育てひろば… おとなのためのアイスブレーキング集

渡邊暢子 編著 Watanabe Nobuko
柏木牧子 イラスト Kashiwagi Makiko

ひとなる書房

Prologue はじめに

保護者会を開催したものの、固い雰囲気がいっこうにとれず、主催側が一方的に話すことが多かったりして、参加したお母さん・お父さんたちの本音を聞く機会も取れず、どうしたらいいのか、何かいい方法はないか、悩んだりしたことはありませんか？

子育ての方法を伝えようとすればするほど、何か伝わらない壁のようなものを感じ、息詰まってしまったことはありませんか？

私は、長く保育現場にいた経験をもとに、今、子育て支援にかかわるなかで、みんなのなかで自分のことが話せ、自分を振り返り、それをことばにする機会があると、隠し持っていた力が湧いてきて、生きいきした素敵な姿になることを見て、感動する出会いがたくさんありました。そして、参加者が来てよかったと思える場を作ることは、自分の持っていた力や弱点に気づく機会になったり、みんなの中で自分の存在が認められることで、肯定的に自分のことを受け入れることができるようになり、大きな力になることも実感しています。

そんな経験の中から、支援者がおせっかいにならずに、保護者会や子育て支援の場で初めての出会いの場を和やかにしたり、参加者が話しやすく、ほかの人と理解しあえ、安心して参加できるような場や会の開催目的に繋がる場を作るために、このアイスブレーキング集を活用していただけたらと思い編んでみました。

本書の構成は、

- **道具がいらないジャンケン編**
- **多様な自己紹介や他己紹介編**
- **話し合いや活動に必要なグループづくり編**
- **体をふれあい、心をひらける、心・からだふれあい編**

からなっています。

アイスブレーキング（アイスブレーカーとも言う）とは、“氷を割る”あるいは“氷を溶かす”という意味で、参加者がはじめて出あったり、知り合いが少ないときに、バリアーをとりのぞいて、安心して参加できる雰囲気をつくったり、会の目的へ繋がるような、和気あいあいとしたムードや場を作るために活用できる手法やワークのこと。

活用の仕方は、リーダーのねらいや会の開催目的によって、どのページからでも自由に使えます。また、参加者の対象や人数によって、各ページの＜すすめ方＞にもこだわらず、その場の雰囲気や参加者の表情を大事にした活用をしてください。おとな同士のふれあいあそびとして、簡単で、面白く、便利にできています。

この本で、保護者や同僚、そして子どもたち、多くの人たちとふれあうことの楽しさを味わっていただけたらうれしいです。

2008年　初夏

編者　渡邊　暢子

ワークをすすめるためのリーダーの心得5箇条

1. 参加者の特徴をよくつかむ……それぞれのワークについては、参加する人たちの特徴をよく考慮してすすめましょう。
2. だれもが安心していられるように……参加者全員が安心してその場にいられるように、ゲームへの参加は強制しないようにしましょう（参加したくない権利もあることも伝えましょう）。
3. ゆとりをもったスケジュールで……ほかの人と気持ちが通うには時間が必要です。話をする場は時間をたっぷり取るように、タイムスケジュールを考えましょう。
4. 振り返りの場をたいせつに……発表したり、参加したことを振り返ったり、感想を話すことは参加する人の参加意識を高めますので大事にしましょう。
5. リーダー自身も楽しいものに……ワークをするにあたっては、リーダーにとっても楽しく、ストレスのないものを選んでおこないましょう。

Contents **もくじ** おとなに人気のふれあいあそび

ジャンケン編

ジャンケンは何も道具がいらないあそびで、
しただけで、なごやかな雰囲気になります。
コミュニケーションをとる方法のひとつとしてとても活用できます。

グー・チョキ・パー

●基本のジャンケン

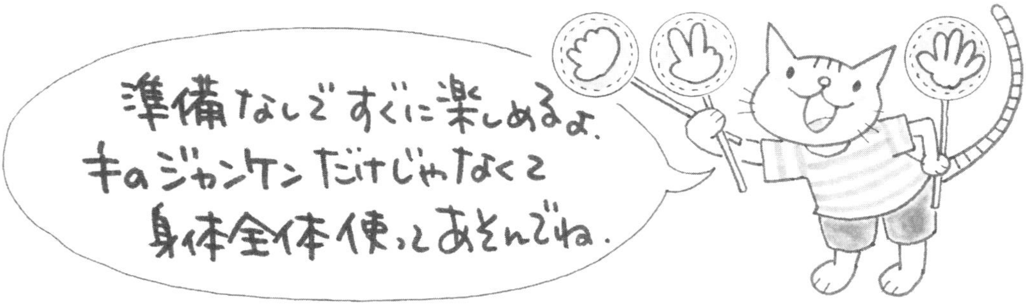
準備なしですぐに楽しめるよ.
手のジャンケンだけじゃなくて
身体全体使ってあそんでね.

グー
チョキ
パー
グー
チョキ
パー

●目ジャンケン

●口ジャンケン

●足ジャンケン

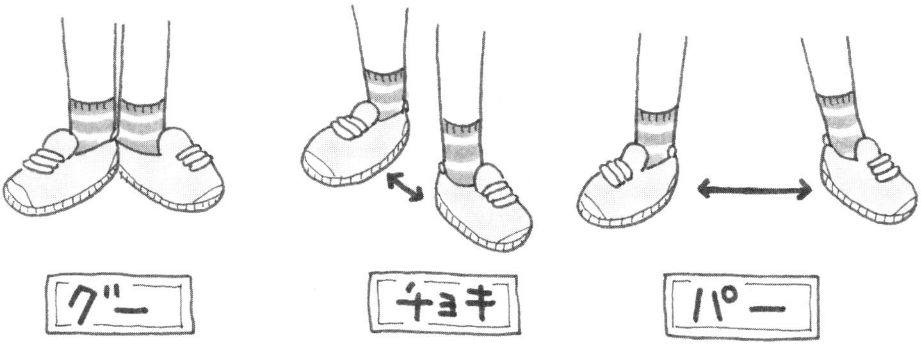

ワークから

・話を始める前、前の席が空いていたりするときに、「前に座ってください」など言わなくても座ってもらえます。

・隣同士でジャンケンする。勝った人は後ろに、負けた人は前の方に移動して座るなどすると、体を動かしただけで会の雰囲気が変わり緊張がほぐれます。

ジャンケンほっぺ

すすめ方

①２人で向かい合いジャンケンする。

②勝ったら、すばやく相手のほっぺに両手を当てる。

③負けたら、自分のほっぺに手を当てて、相手の手がほっぺにこないように防ぐ。

ワークから

・勝ったのに自分のほっぺに手を当ててしまったり……思わず笑いがこぼれます。

・体にふれるワークは、みんなが慣れてきてからやるほうがよいでしょう。ふれられるのがいやな人はパスしてもよいことを事前に伝えます。

ジャンケンお払い

すすめ方

①2人で向かい合いお互いに左手をつなぎ、右手でジャンケンする。

②左手はつないだまま、勝った人は右手を水平に、頭の高さの所を右から左に払う。

③負けた人は、たたかれないようにしゃがむ。

ワークから

・リズムよくやれるようになるとおもしろい、体ほぐしや眠気対策に最適。

・思わずほっぺをぴしゃっとやったら、ごめんなさい!

グリンピース

グリンピー
ス
かったーっ
勝った人が唱えます
やられたー！
＊ グー で勝ったら グリン・グリン・○○○
＊ チョキ で勝ったら チョリン・チョリン・○○○
＊ パー で勝ったら パリン・パリン・○○○

すすめ方

①最初、「ジャンケンポン」のかわりに「グリンピース」と唱え、ジャンケンする。

②グーは「グリン・グリン・○○○」、パーは「パリン・パリン・○○○」、チョキは「チョリン・チョリン・○○○」と唱えながらジャンケンします。

③同じものが出たときには、先に「ドン」と言ったほうが勝ち。

グリン・グリン・パリン
チョリン・チョリン・グリン
パリン・パリン・パリン
あっ
あいこになったら
ドン
あ…
あ～楽しかった
先に ドン と言った方が勝ち

ワークから

・普通のジャンケンと同じですが、唱えことばが違うだけで雰囲気が変わっておもしろいです。

グループジャンケン

参加者が30人以上のときに活用すると面白いです。

グー
パー
チョキ

♪どんぐりころころどんぶりこ
お池にはまってさぁたいへん

すすめ方

①３人組になる。　②グーは３人みんなしゃがむ。パーはみんな立つ。チョキは真ん中の人だけ立つ。（なにを出すか後ろで合図を送りあう）

③『どんぐりコロコロ』の歌を歌いながら歩き、相手をさがし向かい合う。

④「♪ぼっちゃんいっしょにあそびましょ！」で、ジャンケンポン。

どじょうが出てきて
こんにちは
ぼっちゃんいっしょに
グーにする？
パーにする？
チョキにする？
負けたーあ
あそびましょ！
勝ったーっ

ワークから

・参加者が少ないときは、何回勝ったかあとで確認したり、参加者が多いときは負けたら座り、最後に残るのはだれかチャンピオンを決めるなどのやり方もあります。

グループジャンケン【応用編】

すすめ方

①10人ぐらいのグループを作る（参加者の人数によって決める）。

②２グループずつ並んで向かい合う。

③先頭には指示を出す親、最後にはジャンケンをする人が並ぶ。

④手を後ろにし出すジャンケンの合図を送り、最後までできたらジャンケンをする。

グー？
チョキ？
パー？
後ろ手に合図を送って…
ジャンケンポン
最後の2人がジャンケンポン
やったーーーあ!!

後だしジャンケン

リーダー対大勢の後だしジャンケンだね。

すすめ方

①リーダー対大勢でやる。

②リーダーと同じものを出すジャンケンを繰り返しやる。だんだん早くやる。（ジャンケンホイ！と声を出してやる）

③リーダーに勝つジャンケンをやる。

④リーダーに負けるジャンケンをやる。

《あいこジャンケン》
リーダーと同じものを出す
このひとが勝ち
ホイ*
ホイ*
《勝つジャンケン》
リーダーに勝つものを出す
このひとが勝ち
ホイ*
ホイ*
《負けるジャンケン》
リーダーに負けるものを出す
このひとが勝ち
ホイ*
ホイ*
だんだん速くなると
どんどん難しくなりますよ。
ホイ*
ホイ*
ホイ*
ホイ*
ホイ*
ホイ*
ホイ*
ホイ*

ワークから

- 場をなごませるときや気分転換をしたいときにやります。
- 自分がどれだけ変わりにくいかを体で感じることができます。

おちぢみさんとおひらきさん

すすめ方

①ジャンケンをして負けたほうが少しずつ背をちぢめていく（おちぢみさん）。

②ジャンケンをして負けたら少しずつ足を開いていく（おひらきさん）。

ワークから

・どちらが限界まで持ちこたえられるでしょうか？

質問ジャンケン

「自分の長所」「私の自慢」「自分の好きなところ」など、関係づくりのためのここちよい質問を考えましょう。

すすめ方

①はじめにかんたんな自己紹介をする。

②ジャンケンで勝ったほうが相手に一つだけ質問をする。何回もジャンケンを繰り返す。

③3分～5分ぐらいを目安に終了する。

カレーライスジャンケン

はじめに
カレーライ
スでジャンケン
グーで勝ったら…
グー辛グー辛
勝ちー!
パー辛っ
チョー辛っ

すすめ方

①「カレーライス」と言いながらジャンケンをはじめる。

②勝った方が主導権をとって進む。たとえば、グーで勝ったら、「グー辛、グー辛、チョー辛」と言ってジャンケンをする。つぎに勝った方は（チョキで勝った場合）、「チョー辛、チョー辛、パー辛」とジャンケンを続ける。

③あいこになったら先に「水」と言ったほうが勝ち。

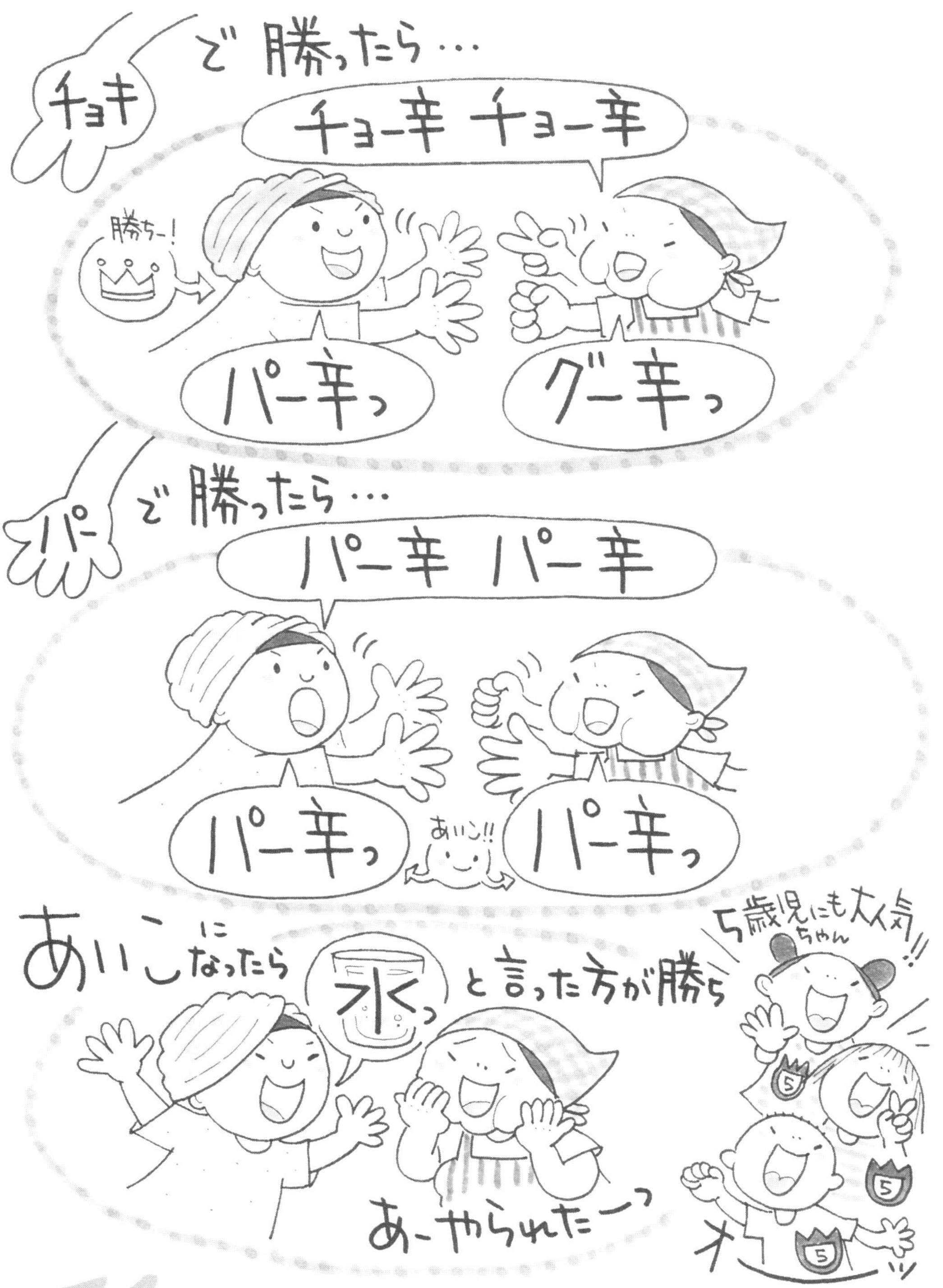
チョキ で勝ったら…
チョー辛 チョー辛
勝ちー!
パー辛っ
グー辛っ
パー で勝ったら…
パー辛 パー辛
パー辛っ
あいこ!!
パー辛っ
あいこになったら 氷くっ と言った方が勝ち
5歳児にも大人気
ちゃん
あーやられたーっ

ワークから

・小学生の間に流行したジャンケン。園でも、５歳年長さんなら大喜びしますよ。

あいこでジャンケン

すすめ方

①グーは０、パーを５とし、間の指何本（１・２・３・４）でもチョキとする。

②出している指の数が同じになるようになるまでジャンケンをする。

③０～５までジャンケンの種類は６通り。

④３分間で何人とあいこになれたかを競う。

3分間で…
何人とあいこになれるかな?

ワークから

・相手とのあうんの呼吸が必要になるジャンケン。相手に勝つのではなく相手との呼吸を合わせる体験でジャンケンも変わってきます。

人工衛星飛んだ

グリコ・チヨコレイト・パイナップルと言いながら歩数を進め、相手を崩して遊びます。

人工衛星飛ーんだっ!!
ばらばらに
なって
みんなで
ジャンケン
ポン

すすめ方

①「人工衛星飛〜んだ！」とリーダーが言うと全員がバラバラになる。

②全員でジャンケンをする。

③最後に勝ち残った人が、勝ったもの（グー・チョキ・パー）の分の歩数（グーはグリコで３歩・パーはパイナップル・チョキはチヨコレイトでともに６歩）を取り、だれかのところに行き足をかける。

④かけた足で相手を崩し、崩された人は抜ける。　⑤①に戻り、繰り返す。

グーで勝ったら グリコ で3歩
チョキで勝ったら チヨコレイト で6歩
パーで勝ったら パイナップル で6歩
で進む。
最後に勝った人が
オニ
になるよ。
他の人はたおされないようにしっかり立ってて!
パイナップル
オニに足をかけられて
えいっ
うわわわわ……
やったーーーあ
や、やられた……
手をついたり尻もちをついたら負け!!
また続き
人工衛星飛ーんだっ

あわせてアドジャン

協力しておこなう活動の導入のとき。集団のまとまりを高めたい場面に使います。

すすめ方

①４～５人ごとのグループを作る。

②「アドジャン」と言いながら、いっせいに指で１～５本までの数を示す。

③全員が同じ数を出すまで１分間繰り返す。

④一人が同じ数を２回続けて出すことはできない。

ワークから

・人とあわせるためにどんな努力をしたのか聞いてみるなど、楽しく関係づくりをしましょう。グループ名を考え、その名をかけ声にしてやることもできます。

手の甲たたきジャンケン

初対面の時や集団のムードが沈滞したときにやるとよい。大人から子どもまで幅広くできます。

握手する
手の平を合わせるのも可*

すすめ方

①２人組になり、右手を握手し手をつなぐ（手の平を軽く合わせてもいい）。

②左手でジャンケンをして、勝ったほうが相手の右手の甲を軽くたたく。

③１分間ジャンケンを繰り返す。

④時間になったら、右手をつないだまま「痛かったでしょう」とお互いの右手の甲を左手でさする。

ワークから

・研修時や保護者会でちょっと身体接触が必要かなと思うときにぴったり。

・強くたたきすぎたと思ったら心をこめて相手にいたわりの気持ちを伝えるようにします。

役割決めジャンケン

すすめ方

①全員立ち、２人組でジャンケンする。　②負けた人は座り、勝った人同士ペアを組みジャンケンをする。　③勝った人同士のジャンケンを繰り返す。

④最後に勝った人は、今日の会のテキストを読んだり、サポーター役になる。

4
4
2
2
1
今日は私にまかせてね!
やったーあ
まけた…

ワークから

・緊張をときリラックスしたり、グループワークのウオーミングアップとして役立ちます。

自己紹介編

はじめて出会った人と仲良くなる一歩は、相手に名前を覚えてもらうこと。

そんな時ただ名前を伝えるのではなく、ひと工夫あると印象も加わり覚えやすいもの。

身近な道具を使ったり、体を動かしたり、じっくり話したりして、楽しくお互いの名前を覚えましょう。

ジャンケン自己紹介

ジャンケンという単純なあそびで、会場を動きまわることで、集団になじんだり、参加意欲を高めることができます。勝った人だけでなく、負けた人も肯定的に評価することも大事ですね。

すすめ方

①会場を自由に動きまわり相手を見つけてジャンケンをする。

②３つ負けたらリーチ。　③４つ負けたらリーダーの横に並び、５人ほどになったらジャンケンをストップして自己紹介をしてもらう。これを繰り返す。

1つ負け
2つ負け
3つ負け（リーチ）
4つ負けたら…
リーダーの横に並びます
リーダー
名前
住んでいるところ
仕事
趣味
出身地
愛読書
好きな食べもの
家族
特技
マイブーム

ワークから

・勝った人が並んでもいい。自己紹介をしてもらう数は参加人数や時間によって調整します。

ジャンケン紹介【基本形②】

メモ用紙とペンを持って会場を動き回り、相手を見つけて握手をして自己紹介をする。そしてジャンケンをします。

すすめ方

①ジャンケンに勝ったら自分の持っているメモ用紙に相手の名前を書いてもらう。

②10人（時間や参加人数によって調整する）名前を集めた人から椅子に座る。

③達成した人が5人ぐらいになったら、ジャンケンをストップして自己紹介。

④これを繰り返す。

メモで紹介【応用編】

すすめ方

①ジャンケン紹介【基本形②】で椅子に座った人もまたみんなの輪に戻る。書いてもらった名前の人がどの人かを確認し、あってたらその名前に線を引き消す。

②全部名前を消せたら椅子に座る。　③達成者が何人か出たら終了してもいい。

ワークから

・基本形②で早く達成できた人が、応用編では全員確認に手間取ったり、ゆっくり自己紹介しながら書いてもらった人のほうが、早く確認できたりとさまざま。ゲームととらえて早く目標達成することに頑張った人。自己紹介と人との出会いを楽しんだ人、の違いがわかり、価値観が一つではないことに気づきます。

ジャンケン紹介【基本形③】

自由に動き回り相手をさがし、自己紹介してからジャンケンをする。

はじめに自己紹介。
目と目をあわせて
にっこり。
はじめまして
よろしくぅ
ジャンケン
ポン!!
気合いを入れて
ジャンケン
ポン

すすめ方

①勝ったら肩を５回たたいてもらう。

②負けたら相手の肩を５回たたく。

③あいこの場合は握手をする。

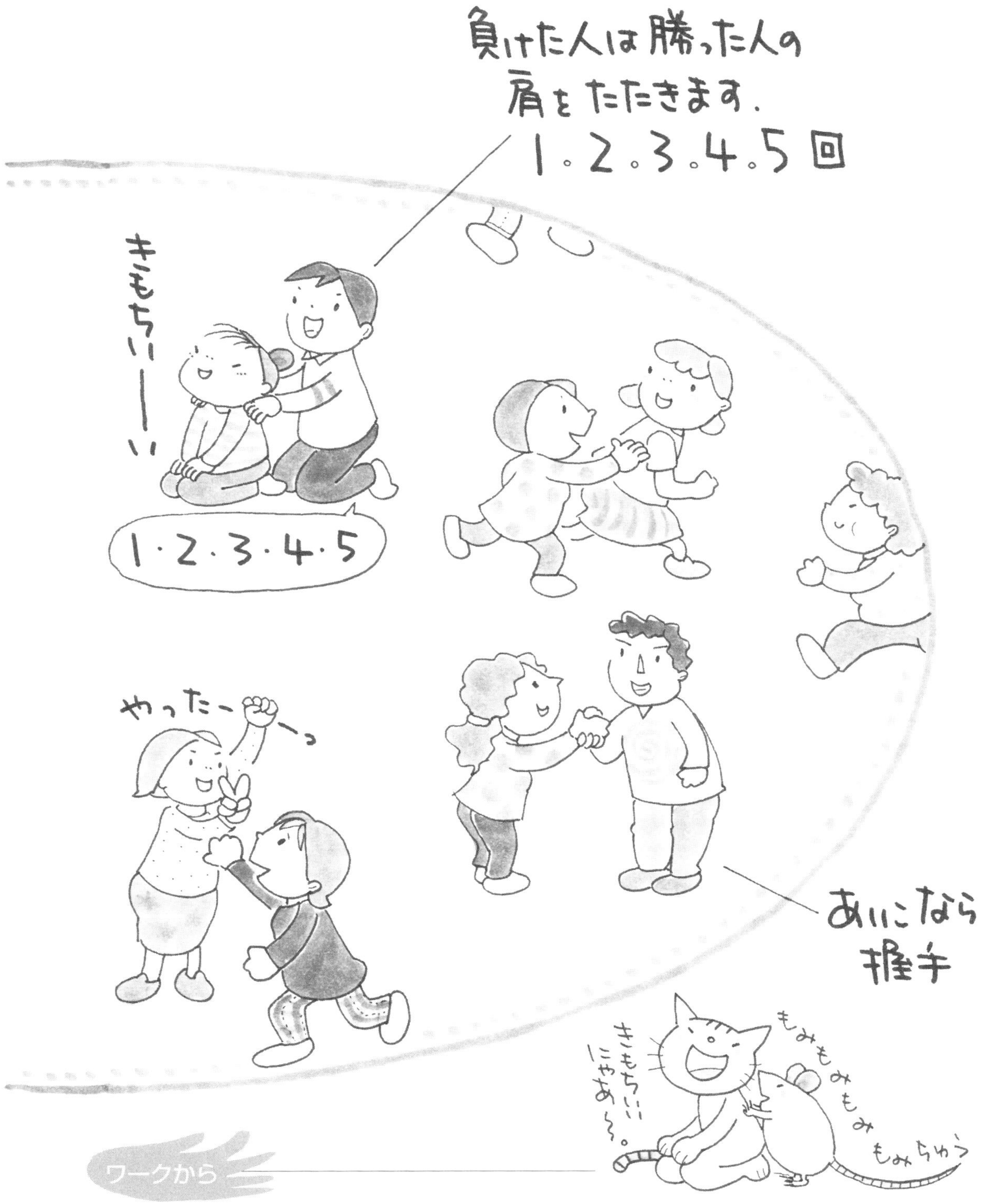

負けた人は勝った人の
肩をたたきます.
1.2.3.4.5回
きもちいーーーい
1・2・3・4・5
やったーーっ
あいこなら
握手
きもちいい
にゃあ〜〜。
もみもみもみ
もみちゅう

ワークから

・５分間でとか、５人となどの条件をつけると盛り上がります。

ワンアピール自己紹介

すすめ方

①全員輪になって座る。

②一人ひとり立ち上がって名前と所属を自己紹介する。

③その後「よろしくお願いします」と言いながら、何か一つ動作をする。

両手を広げておじぎ
ウルトラマン
両手でほっぺをつつく
ぐるーっとまわる
ウッキー（おさる）

ワークから

・紹介後の動作は同じではおもしろくないので、前の人とは違うものをするという条件をつけます。

ダウトはどれ？

「うそ」を見破るゲームを通して自己紹介をおこなうことで、より相手に関心を持つことができ、いっそうコミュニケーションが円滑になります。

すすめ方

①リーダーが、

＊自己紹介は人間関係づくりの第一歩であること。

＊自由な自己紹介をすることなどを説明する。

②A5（A4の半分）サイズの紙に、自己紹介文を書く。

＊「私は……」ではじまる紹介文を４つ書く

＊４つの文のうち一つは「うそ」を書く

③自由に動き回り、多くの人と自己紹介をする。

④どれが「うそ」なのかお互いに当てながらおこなう。

⑤感想や感じたことを話し合い、振り返る。

ワークから

・自己紹介文を書くとき、自由に書く方法のほかに、「趣味」「好きな食べ物」「今興味や関心をもっていること」「幸せを感じるとき」など内容を指定して書かせることもできます。

ボール自己紹介

個人の紹介と名前を覚えるためのウオーミングアップとして活用できます。

すすめ方

①参加者全員でできるだけ小さな輪になり座り、ボールを輪の真ん中に置く。

②だれかがボールを取り、「私の名前は……です」と言ってボールを渡します。受け取った人は「私の名前は……です」と言って、次つぎにボールを渡し全員に回す。

③次は、ボールを回す時に「私の名前は……です。あなたの名前は……さんです」と言う。

④全員の名前を覚えたら、ボールを渡す時、相手の名前を言う前に自分のことについて一言紹介する。

「私の名前は……です。私は……です。あなたの名前は……さんです」と言う。

⑤進行するにつれて、「相手に今日の気分を伝えてください」や、ボールの受け手に質問をする（相手は答え、今度は質問する側になる）など話題を加える。

＊ 次は 相手の名前も 言ってみよう

私の名前は△△です. あなたの名前は□□さんです.

＊ 全員の名前を覚えたら. 自分の一言紹介も加えてみよう

私の名前は□□です. 私は……です. あなたの名前は☆☆さんです.

＊ 慣れてきたら 質問も してみよう

ワークから

・自分自身の情報を他の人と共有したり、感情を表現することで、自分への気づきや他者への認識を深めることができます。

ボール自己紹介【応用編】

次つぎにボールがくるのでホッとしてはいられないゲームです。

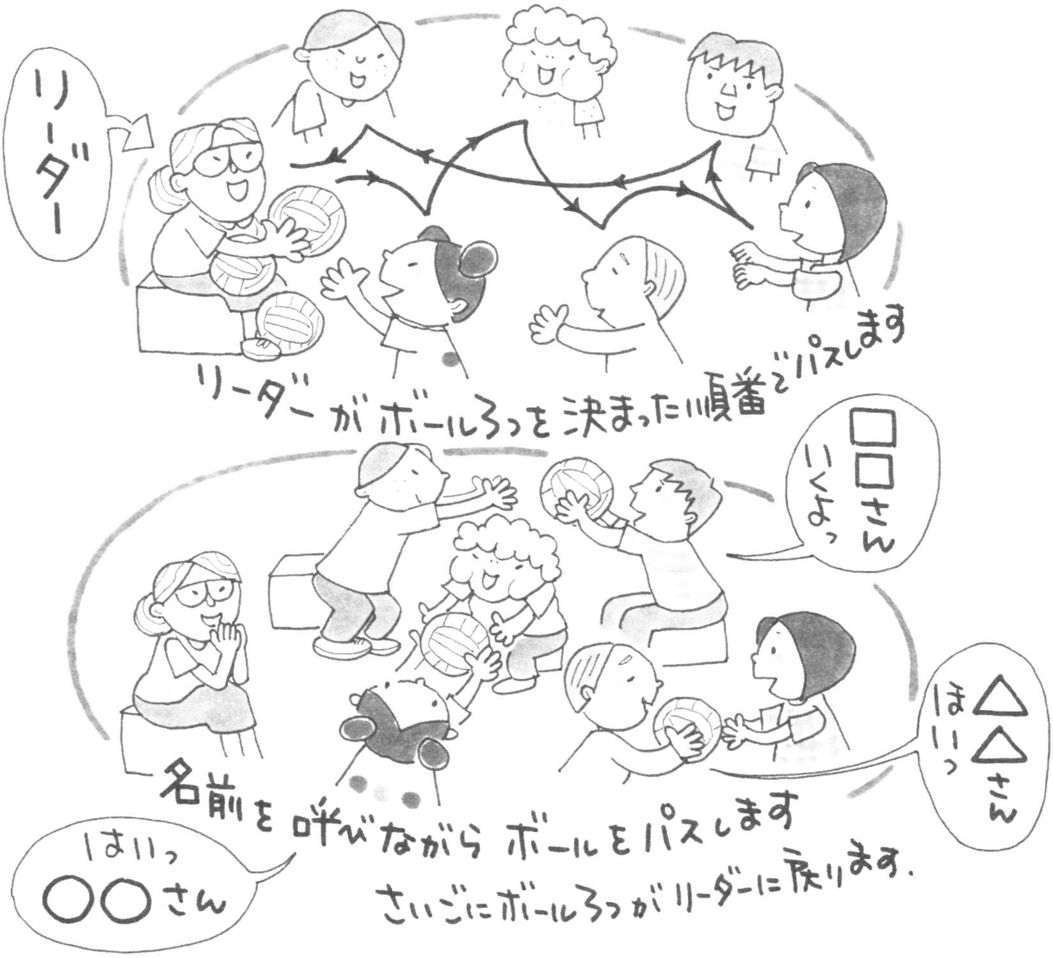

すすめ方

①ボールを３個用意し、はじめリーダーが持つ（３個とも）。

②パスしていく順番を決めておきます。

③渡す人の名前を呼びながら、３個のボールを次つぎにパスしていく。

（ただし、2個目、3個目のボールはパスされた人が次の順の人にパスしたら投げる）

④順にパスし、最後に３個とも最初のリーダーに戻る。

ボールを渡すタイミングはね…

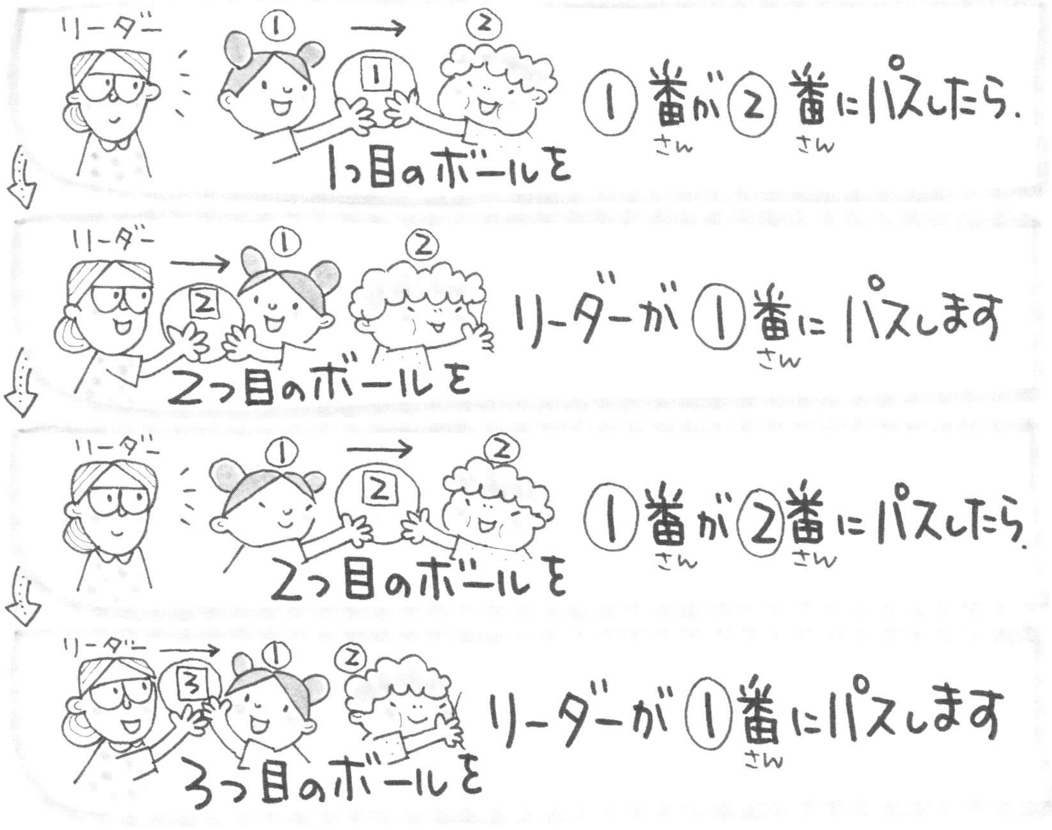
リーダー
①
②
1
1つ目のボールを ①番《さん》が②番《さん》にパスしたら、
リーダー
①
②
2
2つ目のボールを リーダーが①番《さん》にパスします
リーダー
①
②
2
2つ目のボールを ①番《さん》が②番《さん》にパスしたら、
リーダー
①
②
3
3つ目のボールを リーダーが①番《さん》にパスします

＊ ボールをパスする順番は
はじめにみんなで決めます

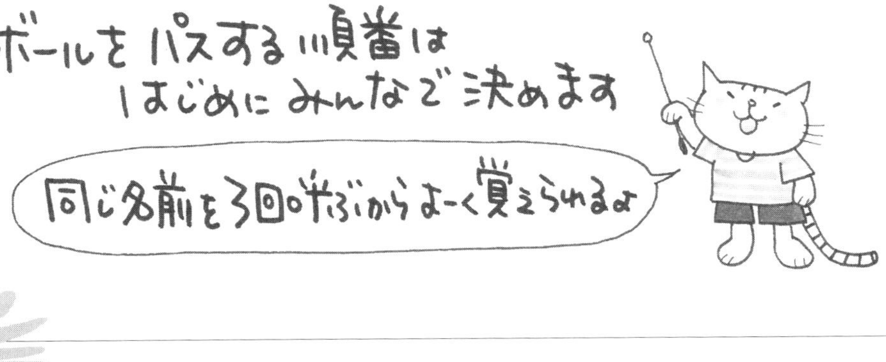
同じ名前を3回呼ぶからよーく覚えられるよ

ワークから

・順番を変えてやると参加メンバーの名前を覚えやすく関係が広がります。

・なにより、あわてないことが肝心です。

ジェスチャー自己紹介

お互いの名前を呼び合うことで参加者同士のつながりを深め、連帯感や仲間意識を確認できます。

サッカーの好きな○○です
ドライブの好きな□□です
野球の好きな△△です
サッカーの好きな○○さん
野球の好きな△△さん
ドライブの好きな□□さん

すすめ方

①名札に自分の名前を大きく記入し参加者で輪を作る。

②自分の得意なことや好きなことを表現するジェスチャーを考える。

③一人ひとりジェスチャーを付けて名前を発表し、それをみんなでまねをする。

「サッカーの好きな○○です」〈サッカーの好きな○○さん〉

④全員が発表したら、始めの人から順に最後の人までジェスチャーリレーをします。

「サッカーの好きな○○さん」

「サッカーの好きな○○さんの隣の野球の好きな△△さん」

サッカーの好きな○○さん
サッカーの好きな○○さん
の隣の
野球の好きな△△さん
サッカーの好きな○○さん
の隣の
野球の好きな△△さん
の隣の
ドライブの好きな□□さん
どんどんふえていきます
みんなのジェスチャー覚えられるかな？

ワークから

・一人ひとりが自分自身をみんなにアピールでき、また声をそろえてみんなが一人ひとりを呼び合うことで、参加者同士お互いに存在感を高めあうことができます。

ジェスチャー紹介【応用編】

○○から△△さんへ!
①
②
③
△△から□□さんへ!

すすめ方

①最初に指名された人から、ボールをパスするジェスチャーをしながら自分の名前を言ってからパスしたい相手の名前を呼びます。

「○○から△△さんへ」

②名前を呼ばれた人は、同じようにパスを送りながら次つぎに回していく。

ワークから

・お互いをたいせつにするためには、どんなパスを送りキャッチするジェスチャーをしたらいいのか考え合うようにします。

他己紹介

すすめ方

①２人組でリーダーが決めたテーマをもとに自己紹介をする。

②そのペアで他己紹介をする。

③「花にたとえるとゆりの花……」などと相手の印象を付け加え紹介すると距離がぐ～んと近づきますよ。

三つの質問他己紹介

すすめ方

①紙に丸を三つ重ならないように書き、自分を表すキーワードを円の中に書く。（たとえば静岡・15年・山など）

②２人組になり、キーワードを書いた紙を見せ合い、お互いに質問をしてキーワードを引き出し（たとえば静岡生まれ、今の地に住んで15年、趣味は山歩きなど）相手を理解する。質問をされる側は、たずねられた質問のみに答える。

③時間を区切り質問タイムを打ち切る。

④ペアは離れないで、全体で輪を作りペアがお互いを紹介する。

ワークから

・質問はお互いに質問しあうより、まず片方のことが明らかになったら交代をするほうがいい。また、キーワードをあまり難しくしないよう注意しましょう。

・このゲームは謎解きではなく、「相手のことを知るためには、どう質問をしていけばよいのか」のプロセスをたどることが大事です。

お絵かき他己紹介

すすめ方

①リーダーが自己紹介と他己紹介について説明する。

②用紙を配り自己紹介のための絵を描く。

＊特技・趣味・自分のここが好き・長所・夢・やってみたいことなど

＊３～５分ぐらいで描く

③２人組になり絵で表現したことをもとにしてお互いに自己紹介をする。

④４～６人ぐらいのグループ内で自分のパートナーを紹介する。

その際、自己紹介を通して感じた相手のよさを付け加えて紹介する。

ワークから

・お互いの自己紹介をもとにした他己紹介を通して、自分では気づかなかった新しい自分を発見できます。また相手を理解しようとして、正確に伝えようとすることなどから、コミュニケーション能力を高めることができます。

ピラミッド

共通点さがしのゲームです。

すすめ方

①できるだけ知らない人と２人組になり座り、自己紹介をする。

②1分過ぎたらリーダーは、仕事に関係にない共通点を一つさがすよう指示する。

③1分後、パートナーとともに別のカップルをさがし、４人組になるよう指示する。

④４人の共通点を一つさがす。　⑤つぎに８人グループになり、共通点をさがす。

⑥最後にそれぞれのグループの共通点を公表する。

8
人
憲法9条を守りたい
共通点を発表する
へえーっ
なるほどー
PYRAMID
共通点探しで
親近感!

好み当てクイズ

人の意外性がわかり、自分の思い込みに気づくゲームです。

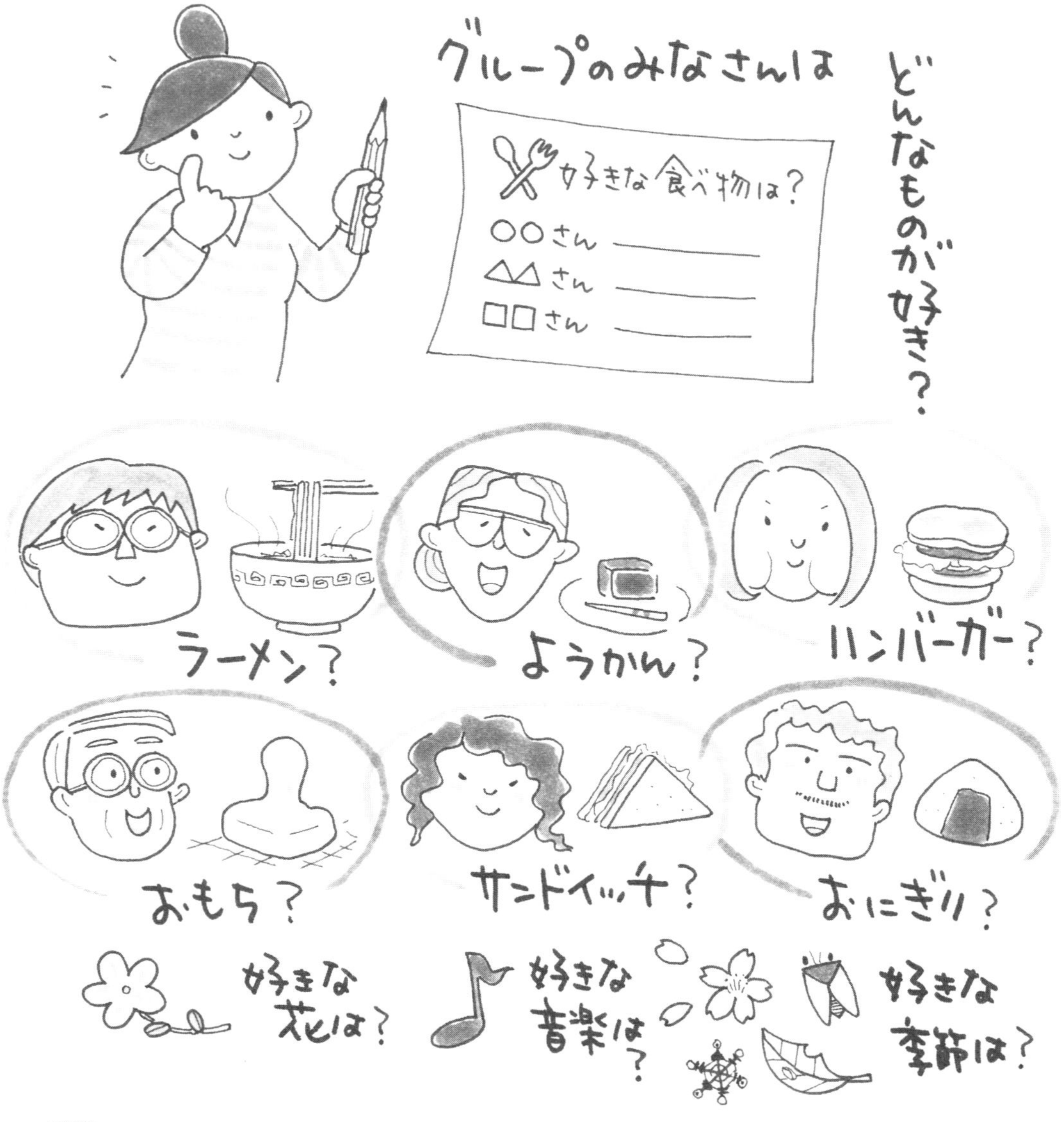

グループのみなさんは
どんなものが好き？
好きな食べ物は？
○○さん
△△さん
□□さん
ラーメン？
ようかん？
ハンバーガー？
おもち？
サンドイッチ？
おにぎり？
好きな花は？
好きな音楽は？
好きな季節は？

すすめ方

①５～８人のグループをつくる。

②食べ物・音楽・季節・花・外国・色などの項目について、グループの各メンバーは何を好むのか想像をして、シートに書く。　③発表をしあう。

ワークから

・第一印象で判断したイメージと、実際とを比べることで、固定観念・思い込みで見るのではなく多様な価値観を認め合うことのたいせつさがわかります。

グループづくり編

・参加者一人ひとりの参加意欲を高めるためには、小さなグループに別れ一言は発言できる場を作ることが大事。

・グループづくりにはその後の会の進め方を意識したつくり方、初めての人同士がなかよくなるためのグループなど、その会の目的により使い分けることができます。

数にあわせて

すすめ方

①参加者は自由に会場を動き回る。　②リーダーが手を叩いた数と同じ人数でグループを作る。　③グループができたらその場に座る。数を変えて何回か繰り返す。

ワークから

・小グループを作りたい場合は最後にその人数になるよう手を叩くとできます。

なかま集め

出身地は？
九州
中国
近畿
北陸
北海道
東北
関東
四国
中部
沖縄
好きな花は？
好きな生きもの
好きな曜日
日月火水
木金土
好きな種
好きな色は？
青
緑
赤
黄
この中でどの色が好き？
誕生月は？
6 7 1 5 4
2 11 10
8 12 9 3
好きな食べ物
好きな寿司ネタ
血液型は？
A AB
B O

すすめ方

①参加者は自由に会場を動き、リーダーの指示通りにグループをつくる。

ワークから

・グループに分かれて作業するときなどに使えます。あらかじめ１グループあたりの人数を決めておくとよいでしょう。共通点を持つ人とグループをつくる過程で、初対面のメンバーに親しみを感じることができます。

ジグソーグルーピング

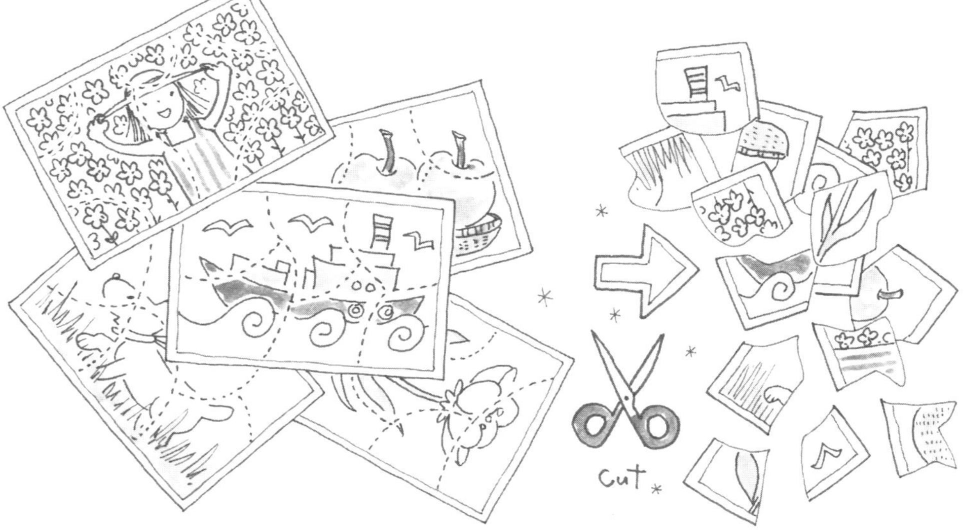

すすめ方

①かんたんな絵はがきまたは写真を、作りたいグループの数だけ用意する。

②１グループの人数分だけ、はさみで切って切片をつくり全員に配布する。

③１人１個の切片を持ち、ジグソーパズルの絵合わせのように、会場をまわり、絵合わせをする。

④完成された絵・写真の切片を持った人同士が１つのグループになる。

さぁ 絵合わせ！

でーきたーー ーーっ!!

ワークから

・絵・写真は１枚１枚違うほうがよいが、同じときは切り方を違うようにします。

バースデーライン

ことばを使わなくてもお互いのコミュニケーションがはかれるゲームです。

すすめ方

①椅子を円形に並べ、無言で1月から順に誕生月を予想して座る。

②全員座り終わったら順に誕生月日を発表する。違っていたら座り直す。

③1月からの座り順を利用し、グループ分けにつなげることもできる。

おっ いいかんじかな
あら…あたし2月…
わたしの誕生日は4月18日です
よしっ ちょうど良かったかな？
ちょっと失敗かも…
違っていたら座り直し*
素敵なバースデーラインを作ってね

ワンウェイパーティー

一方通行のコミュニケーションの問題点に気づき、コミュニケーションと人間関係づくりについて学べます。

すすめ方

①２人組をつくり、一方だけが話す。

＊その一方を決める条件例：背の高い方・年の若い方・ジャンケンで勝った人・名前が50音の早いほう、など。

＊話題の例：自己紹介・研修で学びたいこと・昨日見たTV番組のこと、など。

②振り返り。気づいたことや感じたことを話す。

③条件例などを使って、グループづくりにつなげることもできる。

夫
うちの子たちは…
バーゲンでね。
本
わたしの仕事は…
愛犬
パッチワーク
ガーデニング たのしいのよー
あのドラマ 観てる?
グルメ
旅行
…………。
一方的に聞いていてどう感じましたか?
えーっと 正直な印象は…

心・からだふれあい編

参加者同士が親しくなりお互いの理解を深めたり、体を触れあってコミュニケーションをとるときつかえます。

体を触れることに抵抗のある人が参加しないことも認めあいすすめましょう。

肩もみエンカウンター

初対面の人の集まりや長時間で肩がこったときの気分転換に最適。

すすめ方

①2人組になり、ジャンケンをする。

②負けた人が勝った人の肩をもみながら話をする。

③2分たったら同じペアで役割を交代し、話をする。

ワークから

・今日期待すること、今日あったこと、この時間に学んだことなどをテーマに話してもよいです。肩もみに抵抗感のある人もいるので、強制にならないようにする。抵抗がある人は同性同士でペアにするなど無理がないようすすめます。

・とてもすてきな話があれば、みんなに紹介してもらいたいことも伝えましょう。

となりのひざ・ポン

みんなで一重になって座り、歌いながら、歌にあわせて自分のひざと隣の人のひざをリズミカルにたたくゲーム。

1拍目★
自分のひざを両手でポン*
2拍目★★
右手で右の人の左ひざ、左手で自分の右ひざをポン*

すすめ方

①６人以上なら何人でも参加できる。

②椅子に座って内側向きの一重円になり、隣の人のひざに手が届くくらいに近寄る。

③１拍手目は自分の膝を両手でたたく。

④２拍手目は両手を一つ右へずらし、右手は右の人の左ひざ、左手は自分の右ひざをたたく。

⑤３拍目で右の人の両膝をたたく。

⑥４拍目で左へ一つもどす（④と同じ）。

⑦両手を自分のひざに戻し、今度は左のほうに移動する。

3拍目
右の人の両ひざをポン*
4拍目
2拍目と同じでポン*
5拍目
自分のひざを両手でポン*
次は左へ

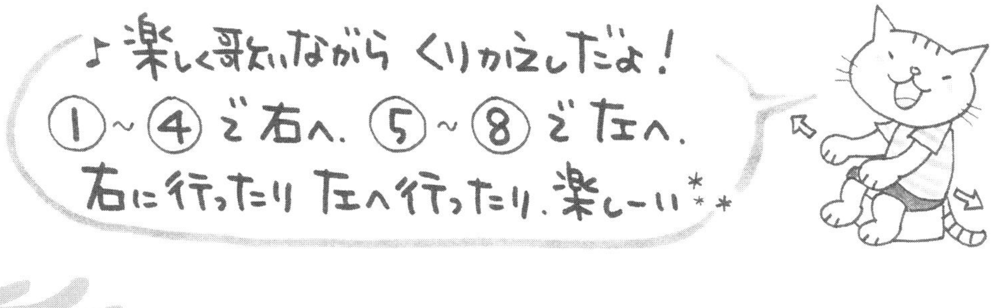
♪楽しく歌いながら くりかえしだよ！
①~④で右へ、⑤~⑧で左へ。
右に行ったり 左へ行ったり、楽しーい

ワークから

・♪お馬の親子、♪どんぐりころころなどみんなが知ってる童謡がいい。うまくできたら、テンポをあげてみるのも楽しいです。

気持ちあわせ

よろしく おねがいしまーす。
2だな！
2よねっ!!

すすめ方

①２人組になる。　②向かい合ってしっかり握手する。

③握手したまま目をあわせて1～3までの数の一つを思う。その回数だけ力を入れて握る。（思った数分の力の入れ方は1～3っ目までのどのときに入れてもよい）

④相手と握った数が合えばハイタッチ！

1つ目
ぎゅっ★
……☆
計1
計0
2つ目
……☆
ぎゅっ★
計1
計1
3つ目
ぎゅっ★
ぎゅっ★
計2
計2
数が合ったら…
やった―――あ！
合わなかったら…
残念でした…!!

バランスづくり

①
2人組を
作ります。
同じ位の背丈の人と
組むとやりやすい。

②
向かい合って
両手をつなぎます。
お互いのつま先を
つけて立ちます。

すすめ方

①２人組になる。　②向かい合って両手をつなぎ、つま先をつけて立つ。

③バランスを取りながら両腕を伸ばす。

④両腕が伸びたらそのまま緩めずにひざを曲げて座る。

③

バランスをとりながら

両腕を伸ばします。

④ 両腕が伸びたら、そのまま緩めずに、ひざを曲げて座ります。

大成功ー!!

キャッチ

リーダーはくるりと内側をまわりながら…
キャッ キャッ
キャッ キャッ… キャッ…
キャッ… キャッ… キャッ…
キャッ
「キャッ キャッ キャッ…」
すぐにつかまえられるように!
すぐに逃げられるように!

すすめ方

①参加者全員で輪になって中央に向き、手をつなぐ。

②手を離して、それぞれ右手の人差し指を右側の人の左手で作った輪の中に入れる。

③「キャッ、キャッ、キャッチ」の掛け声で左側の人の人差し指をつかむ。

④同時に自分の右手の人差し指を捕まれないようにサッと逃がす。

キャラメル
キャップ
キャット
キャッシュカード
BANK
CASH CARD
12345…
キャッキャッキャッ…
キャンプ
キャベツ
『キャッチー!!』
ぴゅーーっ
やったーあ
あーん
ぎゅうーっ
やられたー!
つかまえた
逃げた右手の勝ち!
つかまえた左手の勝ち!

ワークから

・「キャット」「キャベツ」「キャップ」など、わざとひっかけるため、にかよったことばを言って楽しむこともできます。

目玉焼きゲーム

３人一組で行います。２人が両手をつないでたまごの白身になり、中にもう一人が黄身になり目玉焼きになる。リーダーのことばで組み合わせを次つぎと換えていくゲーム。何人でもいいが40人ぐらいが楽しくあそべます。

すすめ方

①３人組をつくり、１人を中に入れて（黄身）２人が外側から両手をつなぐ。

②リーダーが「黄身」と言ったら、黄身の人は白身から出て別の白身に移動する。

③リーダーもすばやくどこかの白身に入ってしまう。　④入るところがなくなってしまった人が次のリーダーになる。　⑤リーダーが「白身」と言ったら、白身の２人は手を離しそれぞれ別々の黄身の所に行き、再び２人になり白身になる。

⑥リーダーが「目玉焼き」と言ったら全員がバラバラになり黄身も白身も関係なく新しい３人組になる。余った人が新しいリーダーになり次つぎと進める。

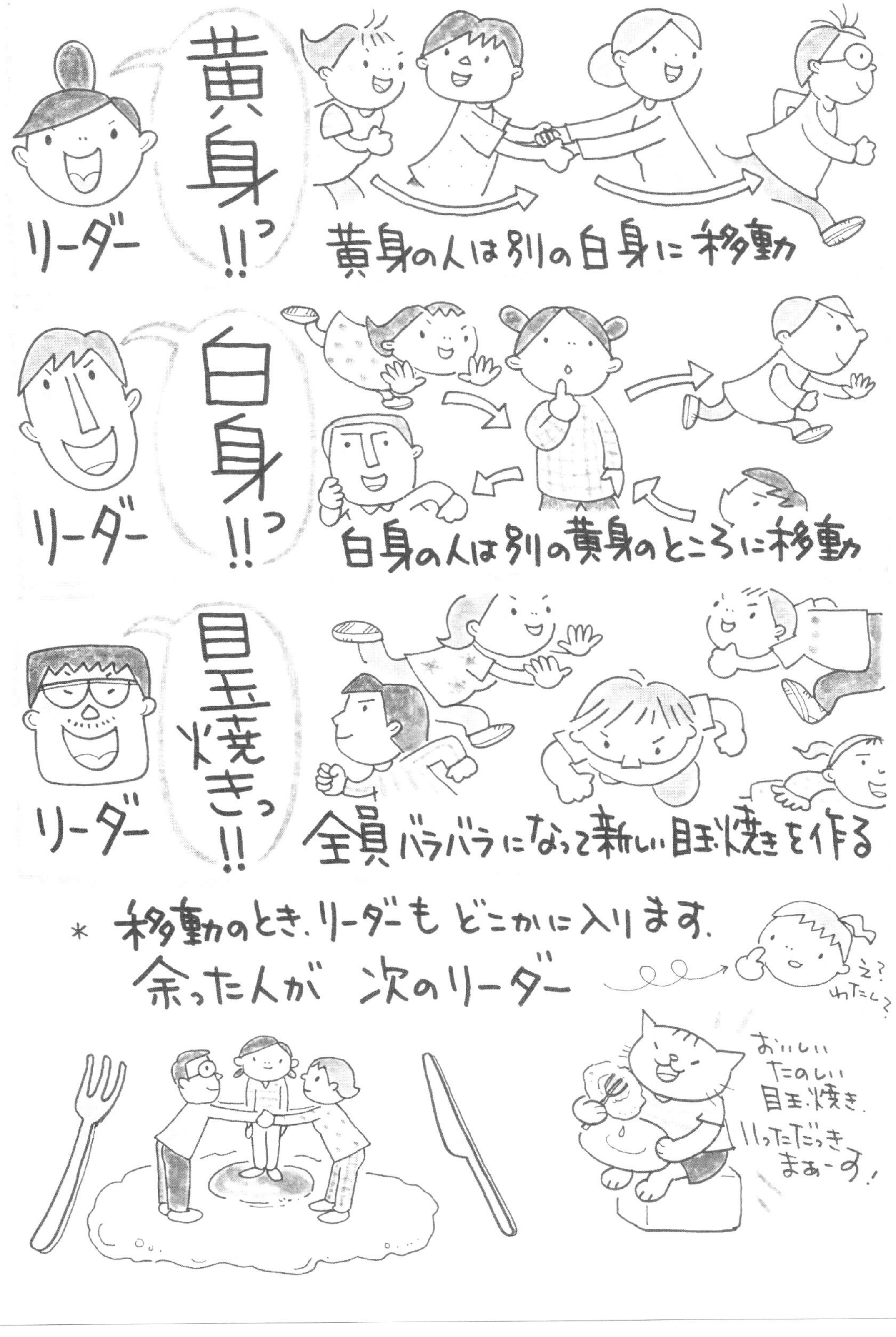
リーダー
黄身っ!!
黄身の人は別の白身に移動
リーダー
白身っ!!
白身の人は別の黄身のところに移動
リーダー
目玉焼きっ!!
全員バラバラになって新しい目玉焼きを作る
＊ 移動のとき、リーダーもどこかに入ります。
余った人が 次のリーダー
え?
わたし?
おいしい
たのしい
目玉焼き。
いっただっき
まあーす!

立つのは4人

メンバーがお互いを注意深く見つめあい、つねに4人が立っているようにするゲーム。参加者が知らず知らずに集中していく不思議な集団感覚が味わえます。10～15人ぐらいが適当です。

いつも4人が立っているようにしまーす！
やくそく
1人が立っていられるのは5秒以内
必ず1人1度立たなくてはいけない
何度立ちあがってもいい

すすめ方

①参加者は部屋中に散らばり座る。

②リーダーのスタートの合図で始める。

③だれでも自由に好きなとき立ち上がるが、つねに４人が立っているようにする。

④必ず１度は立たなければならない。また一人が立っていられる時間は５秒以内。

⑤一度座ってまた立ち上がってもよい（立っている人が４人より多くなりそうなときはだれかが急いで座らなければならない。逆のときもある）。

まだ1回も立ってない
なー.
立たなきゃ…
あ!!
あの人
立ちそう!
1 2 3 4 5 秒
1人 2人 3人 4人…

ワークから

・参加者が多いときは立つ人数の数を増やすといい。人数が多い時は10人ぐらいのグループに分けるとよいでしょう。

人間イスゲーム

大きな円をつくり、みんながイスになると同時に腰掛ける人にもなるゲーム。
20人ぐらいが適当です。

＊思いきって座ってみよう

すすめ方

①参加者は内側を向いて大きな一重円をつくる。

②右向け右をして前の人の肩に両手を置く。

③円の半径を縮め、前後の人との間を人一人が入るぐらいまで詰める（円はできるだけきれいな形になるようにする）。

④リーダーの合図で前の人の肩に両手を置いたまま、いっせいに静かに腰を沈めていく。

⑤お尻が後ろの人のひざに触れたら、思い切って体重を預けて座る。

⑥全員がうまく座れたら、肩に置いた手を離して頭の上で拍手してみよう。

⑦つぎにみんなでゆっくり歩いてみよう。最初に出す足を決めみんなで声をかけながらゆっくりゆっくり行なう。

＊拍手

＊歩いてみよう

ワークから

・前後の人との距離がポイント、間隔が適当でみんなの動作がそろっていれば崩れることはありまません。思い切って体を預けてみましょう。

信頼のワーク

支えあう力、グループとしての一体感を育てる身体的なふれあい、支えられる体験。

同じような背の人同士が組むとやりやすいです。

すすめ方

A：2人でやるとき

①同じ方を向き、後ろの人が前の人を支えてみる。（交代してやる）

B：3人でやるとき

①2人が向き合い、その間にもう1人が入る。

②向き合った2人で間に入った人をゆっくり交互に支える。

（間に入った人は体をまっすぐにして2人に体を預ける）

後ろにたおれてみたり

前にたおれてみたり

C：7～8人でグループをつくり輪になってやるとき

すすめ方

①一人が輪の中に入り目をつぶって、自然に任せて前後左右に倒れる。

②まわりのメンバーはすばやく手を体に添え、倒れてきたときに支える。

（支えられる大きさの輪にし、支えるときはできるだけ複数でおこなう）

③倒れてきたら受けとめ、いったん手元に引き寄せ、輪の中心にそっと戻す。

④真ん中の人は目を閉じ、両足をそろえ、膝を曲げないで倒れる。できるだけリラックスし、メンバーを信頼する。

ワークから

・怖がる人は順番の最後にして、安心してから参加するようにしてみてください。

人間知恵の輪

みんなで手をつないで複雑に絡み合った知恵の輪をつくり、それを協力しながら、体を触れあい輪を解いていくことを楽しめるゲームです。

一重円を作る
両手を前に出して交差させ
目をつぶって前へ

すすめ方

①10～20人あつまり、全員で一重円を作り内側を向く。

②両手を前に出して交差させ、目をつぶって前に進む。

③ふれた手と手をしっかりつなぐ（右手と左手は別の人とつなぐ）。

④手をつないだら目を開け全員の手がつながっていることを確かめる。

⑤握った手を離さずにその輪をほぐす。

⑥握り合った手の上をまたいだり、下をくぐったりして協力して輪を解いていく。

ふれた手と手をつなぐ
握った手を離さずに輪をほぐす
大成功!!
またいだり くぐったり みんなで協力!!
やった——っ!!

ワークから

・解けると一つの輪になることが多いが、二つの輪になったり、二つの輪が鎖のようにつながることもあります。オニをつくって、解かせる方法もあります。

私が私を好きなのは？

自分の良いところを表現することで自分自身の再発見をします。自分を素直に認めることは、何か自分の中に自信が生まれてくるような気がして気持ちのいいゲームです。

すすめ方

①5～6人のグループをつくる。

②3分間、自分のいいところを考える。

③一人一つずつ順番に「私は私が好きです。なぜならば……だからです」と声を出して言う（10～12分ぐらいの時間）。

④感じたこと気づいたことをグループで自由に話し合う。

私は私が好きです。
なぜならば……

ワークから

・好きなところが見つからないときは、「でしゃばりで好奇心旺盛だからです」とか、「のんきでおおらかだからです」などでもいいですよ。

私があなたを好きなのは？

無条件の好意の思いを伝え合うことによって相手の自己肯定感を高めるゲーム。相手を良く見て伝え、また聴くほうも黙って聴きます。仲がよく、よく知っているもの同士で5～6人のグループをつくりおこないます。

すすめ方

①３分間、グループの仲間のいいところを考える。

②一人の人に対してメンバーが一つずつ順番に「私はあなたが好きです。なぜならば……」と言って３回は回る。　③言われる人は黙って聴く。

④全員終わったら体験して感じたこと、気づいたことなどを話し合う（５分間）。

⑤振りかえり。④を終了したあとに軽く目を閉じ、「嬉しくなった気持ち」をかみ締めてもう一度話し合ってみる。

私はあなたが好きです。
なぜならば…
全員聞き終ったら、
うれしくなったきもち
をかみしめて…

共通点さがし

お互いの理解や親睦を深めるためにおこなうワークです。

すすめ方

①２人組をつくる（親しくないもの同士が組むといい）。

②３分間の中で２人の共通点をできるだけたくさん見つけてメモをする。
共通点は性別・出身地・趣味・髪の長さ・夢・好きな色などどんなことでもOK。

③終わったら何個の共通点が出たか発表して、どんな共通点が出たかを共有する。

④相手を変えておこない親睦を深める。

ワークから

・共通点を探すコツは、自分と重なることが相手の中にないかを想像して、質問をしていくこと。それが相手理解のはじまりです。

その人を知る

お互いを知り理解を深めるワーク。自己開示をすることで自分に気づき自己理解を深めることになります。5～6人ぐらいのグループをつくりおこないます。

すすめ方

①最初にやる親を決める（目印に何かを持ってもらうか、椅子のときは親に立ってもらう）。

②時計の回る方向に順番に一人一つの質問を親にしていく。（最初は名前を聞く）

③３～５分の時間を決め、時間のなかで何回も回る。

④時間がきたら、目印を次の人に渡して交代する。

⑤全員が終わるまで続ける。

⑥最初の親の前に一人ひとりが行き、手を取り印象を伝える（30秒ぐらい）。

⑦メンバー全員からの印象メッセージをもらったら親はお礼や感想を返す。

⑧次にやった親と交代して、同じように⑥と⑦を繰り返す。

⑨全員終わったら自由に感想を話す。

＊1人ずつ印象を伝えます.

おれいや感想を
伝えます.

＊ メンバー全員くりかえし

ワークから

・質問の仕方のルールとしては、“なんでも質問できる（簡単に答えられる内容を）”“親は率直に、手短に答える”“人を傷つけるような質問は避ける”“答えたくないときは断ることができる”ことをはじめる前に説明します。

渡邊　暢子（わたなべ　のぶこ）　編著者

静岡生まれ。
東京都の公立保育園に37年間勤務。退職後、保育士養成校講師、電話相談員などを経験。現在、NPO法人保育パラピアカウンセラー協会及び日本家族カウンセリング協会理事。子育て講座などで多くのお母さん・お父さんたちにふれあい、学び多きことを実感中。カナダの親支援プログラム「ノーバディパーフェクト」の理念を広げることと日本の現状にあった子育ての支えの方法を模索している。共著に『保育実習まるごとガイドブック』（小学館）他。

柏木　牧子（かしわぎ　まきこ）　本文イラスト

京都生まれ。
保育の仕事の経験を生かし、イラストレーターとしての活動を続ける。執筆先は、保育、医療、福祉、キリスト教、ＮＧＯ関係など。動物画やまんがも手がける。著書に『教会の暦と行事カット集』（日本キリスト教団出版局）、『保育から生まれた保育のためのカット集』（草土文化）。挿絵の仕事に『子どもに人気のふれあいあそび』（ひとなる書房）、『子どもの思いにこころをよせて』（かもがわ出版）などがある。

装幀：山田　道弘／本文デザイン・組版：フジモリミズキ

おとなに人気のふれあいあそび

2008年８月10日　初版発行

編著者　渡　邊　暢　子
発行者　名古屋　研　一

発行所　（株）ひとなる書房
東京都文京区本郷　２-１７-１３
電話　03-3811-1372
FAX　03-3811-1383
e-mail:hitonaru@alles.or.jp